# Libro De Cocina del Horno Tostador De La Freidora De Aire Para Principiantes

Las Recetas Más Buscadas Para Tu Freidora De Aire Para Perder Peso De Forma Saludable

**Karen Russel**
**Alejandra Jiménez**

© Copyright 2021 – Karen Russel - Todos los derechos reservados.

El contenido contenido en este libro no puede ser reproducido, duplicado o transmitido sin el permiso directo por escrito del autor o del editor.

Bajo ninguna circunstancia se tendrá ninguna culpa o responsabilidad legal contra el editor, o autor, por ningún daño, reparación o pérdida monetaria debido a la información contenida en este libro. Directa o indirectamente.

## Aviso legal:

Este libro está protegido por derechos de autor. Este libro es sólo para uso personal. No puede modificar, distribuir, vender, usar, citar o parafraseando ninguna parte, o el contenido dentro de este libro, sin el consentimiento del autor o editor.

## Aviso de exención de responsabilidad:

Tenga en cuenta que la información contenida en este documento es con fines educativos y de entretenimiento solamente. Todo el esfuerzo se ha ejecutado para presentar información precisa, actualizada y confiable y completa. No se declaran ni implican garantías de ningún tipo. Los lectores reconocen que el autor no está participando en la prestación de asesoramiento legal, financiero, médico o profesional. El contenido de este libro se ha derivado de varias fuentes. Consulte a un profesional con licencia antes de intentar cualquier técnica descrita en este libro.

Al leer este documento, el lector está de acuerdo en que bajo ninguna circunstancia es el autor responsable de ninguna pérdida, directa o indirecta, que se incurra como resultado del uso de la información contenida en este documento, incluyendo, pero no limitado a, errores, omisiones o inexactitudes.

# Tabla de contenidos

INTRODUCCIÓN ..................................................................... 8

DESAYUNO .......................................................................... 15

    1. Tortilla cursi y esponjosa ............................................. 15

    2. Setas portobello rellenas con carne molida ............... 17

    3. Quichésin corteza ........................................................ 19

    4. Pescado Fritatta ........................................................... 20

MANOS ................................................................................. 22

    5. Muslos de Pollo mostaza ............................................ 22

    6. Tomate y Aguacate ...................................................... 23

    7. Ensalada vegetariana italiana simple .......................... 24

    8. Lemony Endive Mix ..................................................... 26

    9. Claras de huevo con tomatesen rodajas .................... 27

LADOS .................................................................................. 29

    10. Coliflor machacada .................................................... 29

    11. Parsnips Mash ............................................................ 31

    12. Puré de zanahoria ...................................................... 32

    13. Sabroso Tofu .............................................................. 33

    14. Papas fritas de aguacate ........................................... 34

    15. Maíz crujiente y crujiente para bebés ....................... 35

MARISCOS ........................................................................... 37

    16. Jugosas parcelas desalmón y espárragos ................ 37

    17. Increíbles filetes de salmón ...................................... 39

    18. Mezcla de camarón sake .......................................... 40

    19. Salmón al vapor con salsa de eneldo ...................... 41

    20. Mezcla de camarones y salchichas .......................... 43

    21. Almejas y salsa de cerveza ....................................... 44

**AVES DE CORRAL** .................................................................. 45
   22.    Receta de pechuga de pollo rellena ........................... 45
   23    Lemongrass ..................................................................
          47 ....................................................................................
   24    Salsade pollo y cilantro .............................................. 49
   25    Recetade pollo y espárragos salteado ........................ 51
**CARNE** ......................................................................................... 53
   26.    Chuletas de Cordero Asado ....................................... 53
   27.    Pastel de carne de res ................................................. 54
   28.    Mocosos crujientes ..................................................... 55
   29    Pan de carne de cordero y berenjena......................... 56
   30    Corderonuez moscada................................................ 57
**HUEVOS Y LÁCTEOS** ............................................................... 60
   32.    Frittata con Setas Porcini .......................................... 60
   33.    Muffins de huevo revuelto con queso ....................... 62
**VERDURAS** ................................................................................. 65
   34.    Sauté de ....................................................................... 65
   35.    Espárragosde Orégano ............................................... 66
   36.    Alcachofascursi........................................................... 67
   37    Aceitunas y Batatas ................................................... 68
   38    Tomates y pimientos cajún ....................................... 70
   39.    Tomates Limón .......................................................... 72
**SNACKS** ....................................................................................... 74
   40.    Salsa de pimientos y queso........................................ 74
   41.    Ensalada de Mozzarella y Tomate ........................... 75
   42.    Salsa de Queso de Ajo ............................................... 76
**POSTRES**..................................................................................... 81
   46.    Galletas de mantequilla ............................................. 81
   47.    Galletas dejengibre .................................................... 83

48. Budín cremoso de semillas de chía ........................................ 85
49. Pastel de naranja ................................................................ 86
50. Galletas limón .................................................................... 88

# Introducción

Las freidoras de aire funcionan cocinando alimentos con la circulación de aire caliente. ¡Esto es lo que hace que los alimentos que pones en él sean tan crujientes cuando salen! Algo llamado el "Efecto Maillard" sucede, que es una reacción inducida químicamente que se produce al calor que hace que sea capaz para esta freidora de brown foods en tan poco tiempo, manteniendo los nutrientes y el sabor intactos.

**Los beneficios de usar una freidora de aire**

Una reducción masiva del aceite – no se necesita más de una cucharadita o dos de papel de aluminio para cocinar los alimentos en una freidora de aire y, sin embargo, todavía logra la misma textura. Muy lejos de las muchas tazas de aceite que tendrías que usar para cocinar alimentos en una freidora. El resultado son alimentos que no están empapados en grasas poco saludables que obstruirán las arterias.

Lleno de sabor – el sabor de la comida realmente sale en una freidora de aire. A pesar de la pequeña cantidad de aceite utilizado en "freír" el alimento, se logra el sabor y la textura "fritos". Fácil operación de presión y marcha – Ya no necesita cuidar su sartén en su estufa mientras fríe su

víveres. Esto también significa que no salpica el aceite y las quemaduras accidentales. Toda la magia ocurre en la cámara de cocción, sólo tiene que establecer sus preferencias de cocción, pulsar el botón derecho, y dejar que la freidora de aire hacer todo el trabajo.

Tiempos de cocción rápidos – Las altas temperaturas que circulan en la cámara de cocción reducen los tiempos de cocción comunes a la mitad. Esto se debe a que el calor se mantiene durante todo el tiempo que se cocina, lo que significa que no tiene que preocuparse por la pérdida de calor que ralentiza su cocción.

Limpieza fácil – Con cestas de alimentos que son aptos para lavavajillas, es tan simple como quitarlo y ponerlo en. La cámara de cocción se puede limpiar fácilmente con un paño y un jabón para lavar platos suaves.

Versátil sin igual : este aparato moderno es algo más que una freidora. También puedes hornear, asar y asar en él. Más de un horno de convección mini altamente versátil en lugar de una freidora. Seguro – Sus componentes son seguros para los alimentos y el proceso de cocción en sí le ayuda a evitar accidentes de cocina que pueden resultar en quemaduras de aceite. El cuerpo de la freidora de aire apenas se calienta incluso si la temperatura en el interior está en su nivel más alto. El uso de su guantes de cocina estándar le dará más que suficiente protección al manipular este aparato de cocina.

Estos beneficios hacen que las freidoras de aire la opción obvia cuando se trata de cocina saludable No hay compromiso en el sabor o la conveniencia!

Para aturdirla, las freidoras de aire pueden hacer lo que hacen esas freidoras de aceite, pero de una manera mucho más saludable que sumergir los alimentos en aceite grasienta y engordado.

## Sacar el máximo partido a tu freidora de aire

Para maximizar los beneficios de usar una freidora de aire, estos son algunos consejos que no debe pasar por alto:

## Empezar

• Coloque su freidora de aire en una parte superior de cocina nivelada y a prueba de calor, si tiene superficies de granito esto es perfecto.

• Evite ponerlo cerca de la pared, ya que esto disipará el calor causando tiempos de cocción más lentos. Deje un espacio de al menos cinco pulgadas entre la pared y la freidora de aire.

• Las bandejas para hornear y las sartenes de pastel seguras para el horno se pueden utilizar en la freidora de aire con la condición de que puedan caber en el interior fácilmente y la puerta pueda cerrarse.

## Antes de cocinar

• Si puede, precaliente siempre su freidora de aire durante 3 minutos antes de cocinar. Una vez que el temporizador se apague estará listo para el rock and roll.

• Utilice una botella de pulverización bombeada a mano para aplicar el aceite. La adopción de este método le hará utilizar menos aceite y es una opción más fácil en comparación con el cepillado o la llovizna. Evite las marcas de aerosoles enlatados, ya que tienden a tener una gran

cantidad de productos químicos desagradables
- Siempre pan si es necesario. Este paso empanado no debe perderse. Asegúrese de presionar el empanado firmemente sobre la carne o la verdura para que las migas no se caigan fácilmente.

**Mientras cocinas**

- Añadir agua al cajón de la freidora de aire mientras se cocinan alimentos ricos en grasas para evitar el humo y el calor excesivos. Utilice esta técnica al cocinar hamburguesas, tocino, salchichas y alimentos similares.

- Asegurar alimentos ligeros como rebanadas de pan con palillos de dientes por lo que
no se vuelan alrededor.
- Evite poner demasiados alimentos en la cesta de la freidora de aire. El hacinamiento dará lugar a una cocción desigual y también evitará que la comida obtenga esa gloriosa textura crujiente que todos amamos.
- Sacudiendo la freidora y volteando la comida a mitad del proceso de cocción se recomienda asegurarse de que todo lo que hay dentro se cocina uniformemente.
- Abrir la freidora de aire unas cuantas veces para

comprobar cómo está la comida no afectará el tiempo de cocción, así que no te preocupes. Una vez hecho esto:

• Retire la cesta del cajón antes de sacar el alimento para evitar que el aceite que queda en el alimento que acaba de freír.

• Los jugos en el cajón de la freidora de aire se pueden utilizar para hacer deliciosos adobos y salsas. Si lo encuentras demasiado grasiento siempre puedes reducirlo en una cacerola para deshacerte del exceso de líquido.

• Es imprescindible limpiar tanto la cesta como el cajón después de cada uso.

Ahora que has llegado a conocer los conceptos básicos del uso del aire

freidora, vayamos a la parte emocionante, ¡es hora de cocinar!

## Desayuno

### 1. Tortilla cursi y esponjosa

Tiempo de preparación: 10 minutos Tiempo de cocción: 15 minutos Porciones: 2

**INGREDIENTES:**

- 4 huevos
- 1 cebolla grande en rodajas
- 1/8 de taza de queso cheddar rallado
- 1/8 de taza de queso mozzarella rallado
- Spray de cocina
- 1/4 cucharadita de salsa de soja
- Pimienta negra recién molida, al gusto

**Indicaciones:**

1. Precalentar la freidora air a 360 o F y engrasar una sartén con spray de cocina.
2. Mezcle los huevos, la salsa de soja y la pimienta negra en un tazón.
3. Coloque las cebollas en la sartén y cocine durante unos 10 minutos.
4. Vierta la mezcla de huevo sobre rodajas de cebolla y cubra uniformemente con queso.
5. Cocine durante unos 5 minutos más y sirva.

**NUTRICIÓN:** Calorías: 216; Grasa: 13.8g; Carbohidratos: 7.9g; Azúcar: 3.9g; Proteína: 15. 5 g;

## 2  setas de Portobello rellenas con tierra Carne

Tiempo de preparación: 10 minutos Tiempo de cocción: 13 minutos Porciones: 3

**INGREDIENTES:**

- 3 Setas portobello
- 1/2 taza de carne molida
- 1 cucharadita de ajo picado
- 1 oz de cebolla picada
- 1 cucharadita de aceite de oliva
- 3/4 cucharadita de nuez moscada molida
- 3/4 cucharadita de cilantro

**Indicaciones:**

1. Ponga la carne molida en el tazón de mezcla.
2. Agregue el ajo picado y la cebolla picada.
3. Después de esto, agregue la nuez moscada molida y el cilantro.
4. Mezcle la mezcla cuidadosamente.
5. Llene los champiñones con la mezcla de carne molida.
6. A continuación, espolvorear las setas con el aceite de oliva y envolverlas en la lámina.
7. Ponga los champiñones envueltos en la cesta de la freidora de aire y cocine durante 10 minutos a 380 F.
8. A continuación, deseche la lámina de los champiñones y cocínelos durante 3 minutos más a 400 F.
9. ¡Enfríe poco la comida cocida y sirva!

**NUTRICIÓN:** Calorías: 42; Grasa: 1.8g; Fibra: 1.3g; Carbohidratos: 4.5g; Proteína: 3.3g;

## 3 Quiché sin corteza

Tiempo de preparación: 5 minutos Tiempo de cocción: 30 minutos Porciones: 2

**INGREDIENTES:**

- 4 huevos
- 1/4 de taza de cebolla picada
- 1/2 taza de tomates picados
- 1/2 taza de leche
- 1 taza de queso Gouda rallado
- Sal, al gusto

**Indicaciones:**

1. Precalentar la freidora de aire a 340 o F y engrasar 2 ramekins ligeramente.
2. Mezcle todos los ingredientes en un ramekin hasta que estén bien combinados.
3. Colóquelo en la freidora Air y cocine durante unos 30 minutos.
4. Despacha y sirve.

**NUTRICIÓN:** Calorías: 348; Grasa: 23.8g; Carbohidratos: 7.9g; Azúcar: 6.3g; Proteína: 26. 1g;

## 4. <u>Pescado Fritatta</u>

Tiempo de preparación: 10 minutos Tiempo de cocción: 15 minutos Porciones: 3

**INGREDIENTES:**
- 1 cucharada de eneldo fresco, picado
- 1 cucharada de perejil fresco picado
- 1/4 cucharadita de nuez moscada molida
- 2 cucharadas de leche de coco
- 4 huevos
- Filete de 8 oz picado

**Indicaciones:**

1. Batir los huevos en el tazón de mezcla y batir bien.
2. Agregue el salmón picado y el eneldo fresco.
3. Agregue el perejil fresco y la nuez moscada molida.
4. Revuelva la mezcla suavemente y agregue la leche de coco.
5. Después de esto, vierta la mezcla de frittata en la cesta de la freidora de aire y cocine durante 15 minutos a 360 F.
6. Cuando la comida está cocinada - enfriar poco y servir!

**NUTRICIÓN:** Calorías: 211; Grasa: 13g; Fibra: 0.4g; Carbohidratos: 17g; Proteína: 22. 5 g;

**Manos**

### 5. Muslos de pollo mostaza

Tiempo de cocción: 35

minutos Porciones: 4

**INGREDIENTES:**

- 1 1/2 lb. muslos de pollo, bone-in
- Cucharadas. Mostaza Dijon
- Spray de cocina
- Una pizca de sal y pimienta negra

**Indicaciones:**

1. Tome un tazón y mezcle los muslos de pollo con todos los demás ingredientes y mezcle.
2. Pon el pollo en la cesta de tu Freidora de Aire y cocina

    a 370°F durante 30 minutos temblando a mitad de camino. Servir

**NUTRICIÓN:** Calorías: 253; Grasa: 17g; Fibra: 3g; Carbohidratos:6g; Proteína: 12g;

## 6  Tomate y Aguacate

Tiempo de preparación: 8 minutos Porciones: 4

## INGREDIENTES:

- 1/2 lb. de tomates cherry; reducido a la mitad
- aguacates, deshuesados; pelado y en cubos
- 1 1/4 de taza de lechuga; desgarrado
- 1/3 taza de crema de coco
- Una pizca de sal y pimienta negra
- Spray de cocina

## Indicaciones:

1. Engrasar la freidora de aire con spray de cocina, combinar los tomates con aguacates, sal, pimienta y la crema y cocinar a 350 °F durante 5 minutos temblando una vez
2. En el tazón de ensalada a, mezcle la lechuga con los tomates

   y la mezcla de aguacate, mezclar y servir.

**NUTRICIÓN:** Calorías: 226; Grasa: 12g; Fibra: 2g;

Carbohidratos: 4g; Proteína: 8g;

## 7  Ensalada vegetariana italiana simple

Tiempo de preparación: 10 minutos
Tiempo de cocción: 10 minutos
Porciones: 8

**INGREDIENTES:**

- 1 y 1/2 taza de tomates picados
- 3 tazas de berenjena picada
- 2 cucharaditas de alcaparras
- Spray de cocina
- 3 dientes de ajo picados
- 2 cucharaditas de vinagre balsámico
- 1 cucharada de albahaca picada
- Una pizca de sal y pimienta negra

**Indicaciones:**
1. Engrase una sartén que se adapte a su freidora de aire con spray de cocción, agregue tomates, berenjena, alcaparras, ajo, sal y pimienta, colóquelo en su freidora de aire y cocine a 365 grados F durante 10 minutos.
2. Divida entre platos, rocíe vinagre balsámico por todas partes, espolvoree la albahaca y sirva frío.
3. ¡Disfrutar!

**NUTRICIÓN:** Calorías: 171; Grasa: 3g; Fibra: 1g; Carbohidratos: 8g; Proteína: 12g;

## 8  Mezcla endiva de limón

Tiempo de preparación: 10 minutos Tiempo de cocción: 10 minutos Porciones: 4

**INGREDIENTES:**

- 8 endives, recortados
- Sal y pimienta negra al gusto
- cucharadas de aceite de oliva
- Jugo de 1/2 limón
- 1 cucharada de pasta de tomate
- cucharadas de perejil, picado
- 1 cucharadita de stevia

**Indicaciones:**

1. En un tazón, combina endives con sal, pimienta, aceite, jugo de limón, pasta de tomate, perejil y stevia, revuelve, coloca endives en la cesta de tu freidora de aire y cocina a 365 grados F durante 10 minutos.
2. Divida entre platos y sirva.

**NUTRICIÓN**: Calorías: 160; Grasa: 4g; Fibra: 7g; Carbohidratos: 9g; Proteína: 4g;

## 9 claras de huevo con tomates enrodajas

Tiempo de preparación: 10 minutos Tiempo de cocción: 15 minutos Porciones: 2

**INGREDIENTES:**

- 1 tomate en rodajas
- 2 claras de huevo
- 1/4 cucharadita de pimentón molido
- 1/4 cucharadita de sal
- 1 cucharadita de aceite de oliva
- 1 cucharadita de eneldo seco

**Indicaciones:**
1. Vierta el aceite de oliva en la freidora de aire.
2. A continuación, agregue las claras de huevo.
3. Espolvorea las claras de huevo con sal, eneldo seco y pimentón molido.
4. Cocine las claras de huevo durante 15 minutos a 350 F.
5. Cuando se cocinen las claras de huevo, déjelas enfriar poco.
6. Coloque la capa de los tomates en rodajas en el plato.
7. A continuación, picar las claras de huevo aproximadamente y colocar sobre los tomates.
8. ¡Servir!

**NUTRICIÓN:** Calorías: 45; Grasa: 2.5g; Fibra: 0.5g; Carbohidratos: 1,9g; Proteína: 4g;

## Lados

### 10. Puré de coliflor

Tiempo de preparación: 5 minutos Tiempo de cocción: 10 minutos

Porciones: 4

**INGREDIENTES:**

- 1 coliflor, floretes separados y al vapor
- Sal y pimienta negra al gusto
- 1/2 taza de caldo de verduras, calentado
- 1/2 cucharadita de cúrcuma en polvo
- 1 cucharada de mantequilla
- cebollas de primavera, picadas

**Indicaciones:**

1. En una sartén que se adapte a su freidora de aire, mezcle la coliflor con el caldo, la sal, la pimienta y la cúrcuma; a continuación, revuelva bien.
2. Coloque la sartén en la freidora y cocine a 360 grados F durante 10 minutos.

3. Machaque la mezcla de coliflor usando un machacador de papas, añadiendo la mantequilla y las cebollas de primavera.
4. Revuelva, divida entre platos y sirva.

**NUTRICIÓN:** Calorías: 140; Grasa: 2g; Fibra: 6g; Carbohidratos: 15g; Proteína: 4g;

## 11. Mezcla de Parsnips

Tiempo de preparación: 10 minutos
Tiempo de cocción: 15 minutos
Porciones: 4

**INGREDIENTES:**

- 4 parsnips, pelados y picados
- Sal y pimienta negra al gusto
- 1 cebolla amarilla picada
- 1/4 de taza de crema agria
- 1/2 taza de caldo de pollo, calentado

**Indicaciones:**

1. En una sartén que se adapte a su freidora de aire, coloque todos los ingredientes excepto la crema agria; revuelve bien.
2. Coloque la sartén en la freidora de aire y cocine a 370 grados F durante 15 minutos.
3. Machacar la mezcla de parsnip, añadiendo la crema agria; revuelve bien de nuevo.
4. Divida entre platos y sirva como guarnición.

**NUTRICIÓN:** Calorías: 151; Grasa: 3g; Fibra: 6g;

Carbohidratos: 11g; Proteína: 4g;

## 12. Puré de zanahoria

Tiempo de preparación: 10 minutos
Tiempo de cocción: 15 minutos
Porciones: 4

**INGREDIENTES:**

- 1 1/2 libras de zanahorias peladas y picadas
- 1 cucharada de mantequilla, suavizada
- Sal y pimienta negra al gusto
- 1 taza de caldo de pollo, calentado
- 1 cucharada de miel
- 1 cucharadita de azúcar morena

**Indicaciones:**

1. En una sartén que se adapte a su freidora de aire, mezcle las zanahorias con el caldo, la sal, la pimienta y el azúcar; revuelve bien.
2. Ponga la sartén en la freidora y cocine a 370 grados F durante 15 minutos.
3. Transfiera la mezcla de zanahoria a una licuadora, agregue la mantequilla y la miel, y pulse bien.
4. Divida entre platos y sirva.

**NUTRICIÓN:** Calorías: 100; Grasa: 3g; Fibra: 3g;

Carbohidratos: 7g; Proteína: 6g;

## 13 **sabroso tofu**

Tiempo de cocción: 12

minutos Porciones: 4

**INGREDIENTES:**

- 1/4 de taza de harina de maíz
- 15 onzas de tofu firme extra, drenado, en cubos
- Sal y pimienta al gusto
- 1 cucharadita de hojuelas de chile
- 3/4 de taza de maicena

**Indicaciones:**

1. Forre la cesta de la freidora de aire con papel de aluminio y cepillar con aceite. Precaliente su freidora de aire a 370°Fahrenheit.
2. Mezcle todos los ingredientes en un tazón.
3. Colóquelo en una freidora de aire y cocine durante 12 minutos.

**NUTRICIÓN**: Calorías:246; Grasa: 11.2g; Carbohidratos: 8.7g; Proteína: 7. 6g;

## 14 **Papas fritas de aguacate**

Tiempo de cocción: 10 minutos Porciones: 4

**INGREDIENTES:**

- Aquafina de 1 onza
- 1 avocado, en rodajas
- 1/2 cucharadita de sal
- 1/2 taza de migas de panko

**Indicaciones:**

1. Mezcle las migas de panko y la sal en un tazón. Vierta Aquafina en otro tazón.
2. Draga las rodajas de aguacate en Aquafina y luego las migas de panko.
3. Coloca las rodajas en una sola capa en la cesta de la freidora de aire.
4. Freír al aire a 390°Fahrenheit durante 10 minutos.

**NUTRICIÓN:** Calorías: 263; Grasa: 7.4g; Carbohidratos: 6.5g; Proteína: 8.2g;

## 15 maíz crujiente y crujiente

Tiempo de cocción: 10
minutos Porciones: 4

**INGREDIENTES:**

- 1 taza de harina de almendras
- 1 cucharadita de ajo en polvo
- 1/4 cucharadita de chile en polvo
- 4 callos para bebés, hervidos
- Sal al gusto
- 1/2 cucharadita de semillas de carom
- Pizca de bicarbonato de sodio

**Indicaciones:**

1. En un tazón, agregue la harina, el chile en polvo, el ajo en polvo, el bicarbonato de sodio, la semilla de carom y la sal.
2. Mezcle bien. Vierta un poco de agua en la masa para hacer una buena masa. Sumerja el maíz hervido en la masa para cubrirlo.

3. Precaliente su freidora de aire a 350°Fahrenheit. Forre la cesta de la freidora de aire con papel de aluminio y coloque los callos del bebé en papel de aluminio.
4. Cocine los callos para bebés durante 10 minutos.

**NUTRICIÓN:** Calorías: 243; Grasa: 9.6g; Carbohidratos: 8.2g; Proteína: 10. 3g;

## Mariscos

### 16. Parcelas jugosas de salmón y espárragos

Tiempo de preparación: 5 minutos Tiempo de cocción: 13 minutos Porciones: 2

**INGREDIENTES:**
- 2 filetes de salmón
- 4 tallos de espárragos
- 1/4 de taza de champán
- Sal y pimienta negra, al gusto
- 1/4 de taza de salsa blanca
- 1 cucharadita de aceite de oliva

**Indicaciones:**

1. Precalentar la freidora de aire a 355 o F y engrasar una cesta de freidora de aire.
2. Mezcle todos los ingredientes en un tazón y divida esta mezcla uniformemente sobre 2 papeles de papel de aluminio.
3. Coloca los papeles de aluminio en la cesta de la freidora air fryer y cocina durante unos 13 minutos.
4. Despacha en un plato y sirve caliente.

**NUTRICIÓN:** Calorías: 32; Grasa: 16.6g; Carbohidratos: 4.1g; Azúcar: 1.8g; Proteína: 36. 6g;

## 17. Increíbles filetes de salmón

Tiempo de preparación: 5 minutos
Tiempo de cocción: 7 minutos
Porciones: 2

**INGREDIENTES:**

- Filetes de 2, 7 onzas y 3/4 pulgadas de matorral
- 1 cucharada de condimento italiano
- 1 cucharada de jugo de limón fresco

**Indicaciones:**

1. Precalentar la freidora de aire a 355 o F y engrasar una sartén air fryer.
2. Frote el salmón uniformemente con el condimento italiano y transfiéralo a la sartén Air, con la piel hacia arriba.
3. Cocine durante unos 7 minutos y exprima el jugo de limón para servirlo.

**NUTRICIÓN:** Calorías: 88; Grasa: 4.1g; Carbohidratos: 0.1g; Azúcar: 0g; Proteína: 12. 9g;

## 18 Mezcla de camarón sake

Tiempo de preparación: 5 minutos
Tiempo de cocción: 12 minutos
Porciones: 4

**INGREDIENTES:**

- 1 pound camarones pelados y desveinados
- 1/2 cucharadita de comino, molido
- 1/3 taza de sake
- 1 cucharada de salsa de soja
- Una pizca de pimienta de Cayena
- Mostaza de 1 teaspoon
- 1 teaspoon azúcar

**Indicaciones:**

1. En una sartén que puño su freidora de aire, mezclar los camarones con el sake y los demás ingredientes, introducir la sartén en la freidora y cocinar a 370 grados F durante 12 minutos.
2. Divida en cuencos y sirva.

**NUTRICIÓN**: Calorías: 271, Grasa: 11g, Fibra: 7g, Carbohidratos: 16g, Proteína: 6g

## 19 Salmón al vapor con salsa de eneldo

Tiempo de preparación: 15 minutos Tiempo de cocción: 11 minutos Porciones: 2

**INGREDIENTES:**

- 1 taza de agua
- Filetes de 2, 6 onzas
- 1/2 taza de yogur griego
- 2 cucharadas de eneldo fresco, picado y dividido
- 2 cucharaditas de aceite de oliva
- Sal, al gusto
- 1/2 taza de crema agria

**Indicaciones:**

1. Precalentar la freidora de aire a 285 o F y engrasar una cesta de freidora de aire.
2. Coloque el agua en el fondo de la sartén Air.
3. Cubra el salmón con aceite de oliva y sazone con una pizca de sal.
4. Coloca el salmón en la freidora Air y cocina durante unos 11 minutos.

5. Mientras tanto, mezcle los ingredientes restantes en un tazón para hacer salsa de eneldo.
6. Sirva el salmón con salsa de eneldo.

**NUTRICIÓN:** Calorías: 224, Grasa: 14.4g; Carbohidratos: 3.6g; Azúcar: 1.5g; Proteína: 21. 2g;

## 20. Mezcla de camarones y salchichas

Tiempo de preparación: 5 minutos
Tiempo de cocción: 12 minutos
Porciones: 4

**INGREDIENTES:**

- 1 libra de camarón pelado y desveinado
- 1 taza de salchichas en rodajas
- Jugo de 1 lima
- 1 cucharada de aceite de oliva
- 1 cebolla amarilla picada
- 1 cucharada de cebollinos picados

**Indicaciones:**

1. En una sartén que se adapte a su freidora de aire, mezcle los camarones con las salchichas y los demás ingredientes, introduzca la sartén en la freidora de aire y cocine a 380 grados F durante 12 minutos.
2. Divida la mezcla en cuencos y sirva.

**NUTRICIÓN:** Calorías: 201; Grasa: 6g; Fibra: 7g;

Carbohidratos: 17g; Proteína: 7g;

## 21. Almejas y salsa de cerveza

Tiempo de preparación: 10 minutos Tiempo de cocción: 15 minutos Porciones: 4

**INGREDIENTES:**

- Almejas de 1 libra
- 1 cebolla roja picada
- Una pizca de sal y pimienta negra
- 1/2 cucharadita de pimentón dulce
- 1 taza de cerveza
- 2 cucharadas de cilantro picado
- 1 cucharadita de aceite de oliva

**Indicaciones:**

1. En una sartén que se adapte a su freidora de aire, mezcle las almejas con la cebolla y los demás ingredientes, introduzca en la freidora y cocine a 390 grados durante 15 minutos.
2. Divida en cuencos y sirva.

**NUTRICIÓN**: Calorías 231; Grasa: 6g; Fibra: 8g;

Carbohidratos: 16g; Proteína 16g;

## Aves

### 22. Receta de pechuga de pollo rellena

Tiempo de preparación: 45

Minutos Porciones: 8

**INGREDIENTES:**

- Bayas de lobo-10
- Aceite de sésamo-3 cucharaditas.
- pollo entero -1
- chiles rojos picados; -2
- ñame en cubos-1
- rodajas de jengibre-4
- salsa de soja-1 cucharadita.
- Sal y pimienta blanca al gusto

**Indicaciones:**

1. Condimenta el pollo con sal, pimienta y frota con salsa de soja y aceite de sésamo y cosas con bayas de lobo, bloques de ñame, chiles y jengibre.
2. Precalentar la freidora de aire a una temperatura de 400 °F
3. Introduce tu pollo preparado en tu freidora de aire y cocina durante 20 minutos
4. Vuelva a poner su freidora de aire a otra temperatura de 360 °F y cocine el pollo preparado durante 15 minutos.
5. Tallar su pollo está en su forma ideal y después de ese punto, compartir entre platos y servir.

**NUTRICIÓN:** Calorías: 320; Grasa: 12g; Proteína: 12g; Fibra: 17g; Carbohidratos: 22g;

## 23 Lemongrass Turquía

Tiempo de preparación: 10 minutos Tiempo de cocción: 20 minutos Porciones: 4

**INGREDIENTES:**

- 1/2 taza de hierba de limón, recortada y picada
- 2 libras de pechuga de pavo, sin piel, deshuesada y más o menos en cubos
- 1 cucharada de vinagre balsámico
- 1 taza de crema de coco
- Sal y pimienta negra al gusto
- 1 cucharada de cebollinos picados
- 1 cucharada de jugo de limón

**Indicaciones:**

1. En la sartén, mezcle el pavo con la hierba de limón y los demás ingredientes, mezcle, introduzca la sartén en la freidora y cocine a 380 grados F durante 25 minutos.
2. Divida todo entre platos y sirva.

**NUTRICIÓN**: Calorías: 251; Grasa: 8g; Fibra: 14g; Carbohidratos: 19g; Proteína: 6g

## 24 Salsa de Pollo y Cilantro

Tiempo de preparación: 10 minutos Tiempo de cocción: 25 minutos Porciones: 4

**INGREDIENTES:**

- 2 libras de pechuga de pollo, sin piel, deshuesada y en rodajas
- 1 taza de cilantro picado
- Jugo de 1 lima
- 1/2 taza de crema pesada
- 1 cucharada de aceite de oliva
- 1/2 cucharadita de comino, molido
- 1 cucharadita de pimentón dulce
- 5 dientes de ajo picados
- 1 taza de caldo de pollo
- Una pizca de sal y pimienta negra

**Indicaciones:**

1. En una licuadora, mezcle el cilantro con el jugo de lima y los demás ingredientes excepto el pollo y el caldo y pulse bien.
2. Ponga el pollo, el caldo y la salsa en la sartén, revuelve, introduce la sartén en la freidora y cocina a 380 grados F durante 25 minutos.
3. Divida la mezcla entre platos y sirva

**NUTRICIÓN**: Calorías: 261; Grasa: 12g; Fibra: 7g; Carbohidratos 15g; Proteína 25g

# Receta de 25 pollos y espárragos salteados

Tiempo de preparación: 30

Minutos Porciones: 4

**INGREDIENTES:**

- lanzas de espárragos-8
- Comino molido-1 cucharadita.
- alitas de pollo cortadas a la mitad-8
- Romero picado -1 cucharada.
- Sal y pimienta negra al gusto

**Indicaciones:**

1. En primer lugar, las alitas de pollo secas en ese momento sazona con sal, comino, pimienta y romero
2. Introduce tu pollo preparado en la caja de tu freidora de aire y cocina a 360 °F, durante 20 minutos.
3. Por otro lado, precalentar a recipiente a más de medio calor, incorporar espárragos en ese punto incluyen agua, extender el plato y permitir vaporizar durante un par de minutos;

4. Transfiera la mezcla a un tazón cargado con agua helada, canal y mancha en los platos.
5. Sirve tus alitas de pollo junto con tus espárragos.

**NUTRICIÓN:** Calorías: 270; Grasa: 8;g Fibra: 12g; Proteína: 22g; Carbohidratos: 24g;

## Carne

## 26. Chuletas de cordero asadas

Tiempo de preparación: 29 minutos Porciones: 6

**INGREDIENTES:**

- 12 chuletas de cordero
- 1 chile verde; picado
- 1 diente de ajo; picado
- 1/2 taza de cilantro; picado
- 3 cucharadas de aceite de oliva
- Jugo de 1 lima
- Una pizca de sal y pimienta negra

**Indicaciones:**

1. Tome a tazón y mezcle las chuletas de cordero con el resto de los ingredientes y frote bien.
2. Ponga las chuletas en la cesta de su freidora de aire y cocine en 400°F durante 12 minutos a cada lado.
3. Dividir entre platos y servir

**NUTRICIÓN:** Calorías: 284; Grasa: 10g; Fibra: 3g;

Carbohidratos: 6g; Proteína: 16;

## 27. Pastel de carne de res

Tiempo de preparación: 30 minutos Porciones: 4

**INGREDIENTES:**

- 1 libra de carne de res, molida
- 1 huevo batido
- 1 cebolla amarilla; picado
- 1 cucharada de orégano; picado
- 3 cucharadas de harina de almendras
- 1 cucharada de perejil; picado
- Spray de cocina
- Sal y pimienta negra al gusto.

**Indicaciones:**

1. Toma un tazón y mezcla todos los ingredientes excepto el spray de cocción, revuelve bien y ponlo en una sartén que se adapte a la freidora de aire
2. Ponga la sartén en la freidora y cocine a 390°F durante 25 minutos. Corta y sirve caliente.

**NUTRICIÓN:** Calorías: 284; Grasa: 14g; Fibra: 3g; Carbohidratos: 6g; Proteína: 18;

## 28. Mocosos crujientes

Tiempo de preparación: 20 minutos
Porciones: 4

**INGREDIENTES:**

- 4, 3- oz. bratwursts de carne de res

**Indicaciones:**

1. Coloque mocosos en la cesta de la freidora de aire.
2. Ajuste la temperatura a 375 Grados F y ajuste el temporizador durante 15 minutos.

**NUTRICIÓN:** Calorías: 286; Proteína: 11.8g; Fibra: 0.0g; Grasa: 24.8g; Carbohidratos: 0.0g

## 29 Pastel de carne de cordero y berenjena

Tiempo de preparación: 5 minutos Tiempo de cocción: 35 minutos

Porciones: 4

**INGREDIENTES:**
- 2 libras de carne de guiso de cordero, molida
- 2 berenjenas picadas
- 1 cebolla amarilla picada
- Una pizca de sal y pimienta negra
- 1/2 cucharadita de cilantro, molido
- Spray de cocina
- 2 cucharadas de cilantro picado
- 1 huevo
- 2 cucharadas de pasta de tomate

## 30 Cordero nuez moscada

Tiempo de preparación: 5 minutos
Tiempo de cocción: 30 minutos
Porciones: 4

### INGREDIENTES:
- 1 libra de carne de guiso de cordero, en cubos
- 2 cucharaditas de nuez moscada, molida
- 1 cucharadita de cilantro, molido
- 1 taza de crema pesada
- 2 cucharadas de aceite de oliva
- 2 cucharadas de cebollinos picados
- Sal y pimienta negra al gusto

### Indicaciones:
1. En la sartén de aire, mezcle el cordero con la nuez moscada y los demás ingredientes, ponga la sartén en la freidora de aire y cocine a 380 grados F durante 30 minutos.
2. Divida todo en cuencos y sirva.

**NUTRICIÓN:** Calorías: 287, Grasa: 13g, Fibra: 2g, Carbohidratos: 6g, Proteína: 12g

**Indicaciones:**

1. En un tazón, mezcle el cordero con las berenjenas de los ingredientes excepto el spray de cocción y revuelva.
2. Engrase una sartén que se adapte a la freidora de aire con el spray de cocción, agregue la mezcla y dé forma al pastel de carne.
3. Ponga la sartén en la freidora de aire y cocine a 380 grados F durante 35 minutos.
4. Cortar y servir con una ensalada lateral.

**NUTRICIÓN:** Calorías: 263, Grasa: 12g, Fibra: 3g, Carbohidratos: 6g, Proteína: 15g

## 31. Mezcla de carne de res y brócoli

Tiempo de preparación: 10 minutos Tiempo de cocción: 30 minutos Porciones: 4

**INGREDIENTES:**

- Carne de estofado de ternera de 1 libra, en cubos
- 2 tazas de floretes de brócoli
- 1/2 taza de salsa de tomate
- 1 cucharadita de pimentón dulce
- 2 cucharaditas de aceite de oliva
- 1 cucharada de cilantro picado

**Indicaciones:**

1. En su freidora de aire, mezcle la carne de res con el brócoli y los demás ingredientes, revuelve, cocine a 390 grados F durante 30 minutos, divida en cuencos y sirva.

**NUTRICIÓN:** Calorías: 281, Grasa: 12g, Fibra: 7g,

Carbohidratos: 19g, Proteína: 20g

# HUEVOS Y LÁCTEOS

## 32. Frittata con setas porcini

Tiempo de preparación: 40 minutos Porciones: 4

**INGREDIENTES:**

- 3 tazas de champiñones Porcini, en rodajas finas
- 1 cucharada de mantequilla derretida
- 1 chalota, pelada y cortada en rodajas finas
- 1 diente de ajo, pelado y finamente picado
- 1 hierba de limón, cortada en trozos de 1 pulgada
- 1/3 cucharadita de sal de mesa
- 8 huevos
- 1/2 cucharadita de pimienta negra molida, preferiblemente recién molida
- 1 cucharadita de polvo de comino
- 1/3 cucharadita de hierba seca o fresca de eneldo
- 1/2 taza de queso de cabra, desmenuzado

**Indicaciones:**
1. Derretir la mantequilla en una sartén antiadherente que se coloca a fuego medio. Saltee la chalota, el ajo, las setas porcini en rodajas finas y la hierba de limón a fuego moderado hasta que se hayan suavizado.
2. Ahora, reserve la mezcla salteada.
3. Precalentar su freidora de aire a 335 grados F. Luego, en un tazón de mezcla, batir los huevos hasta que estén espumosos.
4. Ahora, añade los condimentos y mezcla para combinar bien.
5. Cubra los lados y la parte inferior de un molde para hornear con una fina capa de spray vegetal.
6. Vierta la mezcla de huevo/condimento en el molde para hornear; tire el salteado de cebolla/champiñones.
7. Cubra con el queso de cabra desmenuzado.
8. Coloque el plato para hornear en la cesta de cocción Air Fryer.
9. Cocine durante unos 32 minutos o hasta que se establezca la frittata.
10. ¡Disfrutar!

**NUTRICIÓN:** Calorías: 242; Grasa: 16g; Carbohidratos: 5.2g; Proteína: 17.2g; Azúcares: 2.8g; Fibra: 1.3g

## 33. Muffins de huevo revuelto con queso

Tiempo de preparación: 20
minutos Porciones: 6
**INGREDIENTES:**

- onzas de salchicha de pavo ahumado, picado
- huevos, ligeramente batidos
- 2 cucharadas de chalotas, finamente picadas
- 2 dientes de ajo picados
- Sal marina y pimienta negra molida, al gusto
- 1 cucharadita de pimienta de Cayena
- 6 onzas de queso Monterey Jack, rallado

**Indicaciones:**
1. Simplemente combine la salchicha, los huevos, las chalotas, el ajo, la sal, la pimienta negra y la pimienta de Cayena en un plato de mezcla.
2. Mezcle para combinar bien.
3. Coloca la mezcla en 6 tazas de muffins de tamaño estándar con revestimientos de papel.
4. Hornee en la freidora de aire precalentada a 340 grados F durante 8 minutos.
5. Cubra con el queso y hornee 8 minutos adicionales.
6. ¡Disfrutar!

**NUTRICIÓN:** Calorías: 234; Grasa: 15.7g; Carbohidratos: 5.3g; Proteína: 17.6g; Azúcares: 0.9g; Fibra: 0.4g

## Verduras

### 34. Sauté de espinacas

Tiempo de preparación: 5 minutos Tiempo de cocción: 8 minutos

Porciones: 4

**INGREDIENTES:**

- 2 libras de espinaca bebé
- 1 cucharada de aceite de aguacate
- 1 taza de tomates cherry, cortados a la mitad
- 4 cebolletas picadas
- Sal y pimienta negra al gusto
- 1 cucharada de cebollinos picados

**Indicaciones:**

1. Calienta la freidora de aire con el aceite a 350 grados F, añade las espinacas, los tomates y los demás ingredientes, revuelve y cocina durante 8 minutos.
2. Divida entre platos y sirva.

**NUTRICIÓN:** calorías: 190, grasa: 4g, fibra: 2g,

carbohidratos: 13g, proteína: 9g

## 35. Espárragos de Orégano

Tiempo de preparación: 5 minutos
Tiempo de cocción: 8 minutos
Porciones: 4

**INGREDIENTES:**

- 1 libra de espárragos, recortados
- 2 cucharadas de aceite de aguacate
- Sal y pimienta negra al gusto
- 2 cucharaditas de vinagre balsámico
- 1 cucharada de orégano picado

**Indicaciones:**

1. Calienta la freidora de aire a 350 grados F, y mezcla los espárragos con el aceite y los demás ingredientes de la cesta.
2. Cocine durante 8 minutos, divida entre platos y sirva.

**NUTRICIÓN:** calorías: 190, grasa: 3g, fibra: 6g, carbohidratos: 8g, proteína: 4g

## 36. Alcachofas cursi

Tiempo de preparación: 10 minutos Tiempo de cocción: 14 minutos Porciones: 4

**INGREDIENTES:**

- 4 alcachofas, recortadas y cortadas a la mitad
- 1 taza de queso cheddar rallado
- 2 cucharadas de aceite de oliva
- Una pizca de sal y pimienta negra
- 3 dientes de ajo picados
- 1 cucharadita de ajo en polvo

**Indicaciones:**

1. En la cesta de tu freidora, combina las alcachofas con el aceite, el queso y los demás ingredientes, revuelve y cocina a 400 grados F durante 14 minutos.
2. Divida todo entre platos y sirva.

**NUTRICIÓN:** calorías: 191, grasa: 8g, fibra: 2g, carbohidratos: 12g, proteína: 8g

## 37 Aceitunas y Batatas

Tiempo de preparación: 5 minutos Tiempo de cocción: 25 minutos

Porciones: 4

**INGREDIENTES:**

- 1 libra de batatas peladas y cortadas en cuñas
- 1 taza de aceitunas kalamata, picadas y cortadas a la mitad
- 1 cucharada de aceite de oliva
- 2 cucharadas de vinagre balsámico
- Un montón de cilantro, picado
- Sal y pimienta negra al gusto
- 1 cucharada de albahaca picada

**Indicaciones:**

1. En una sartén que se adapte a la freidora de aire, combine las patatas con las aceitunas y los demás ingredientes y mezcle.
2. Ponga la sartén en la freidora de aire y cocine a 370 grados F durante 25 minutos.

3. Divida entre platos y sirva.

**NUTRICIÓN**: Calorías: 132, Grasa: 4g, Fibra: 2g, Carbohidratos: 4g, Proteína: 4g

## 38 Tomates y Pimientos Cajún

Tiempo de preparación: 4 minutos
Tiempo de cocción: 20 minutos
Porciones: 4

### INGREDIENTES:

- 1 cucharada de aceite de aguacate
- 1/2 libra de pimientos mezclados, en rodajas
- 1 libra de tomates cherry, cortados a la mitad
- 1 cebolla roja picada
- Una pizca de sal y pimienta negra
- 1 cucharadita de pimentón dulce
- 1/2 cucharada de condimento cajún

### Indicaciones:

1. En una sartén que se adapte a la freidora de aire, combine los pimientos con los tomates y los demás ingredientes, ponga la sartén en su freidora de aire y cocine a 390 grados F durante 20 minutos.
2. Divida la mezcla entre platos y sirva.

**NUTRICIÓN:** Calorías: 151, Grasa: 3g, Fibra: 2g, Carbohidratos: 4g, Proteína: 5g

## 39. Tomates limón

Tiempo de preparación: 5 minutos Tiempo de cocción: 20 minutos

Porciones: 4

**INGREDIENTES:**
- 2 libras de tomates cherry, cortados a la mitad
- 1 cucharadita de pimentón dulce
- 1 cucharadita de cilantro, molido
- 2 cucharaditas de ralladura de limón rallado
- 2 cucharadas de aceite de oliva
- 2 cucharadas de jugo de limón
- Un puñado de perejil picado

**Indicaciones:**
1. En la sartén de aire, mezcle los tomates con el pimentón y los demás ingredientes, revuelve y cocine a 370 grados F durante 20 minutos.
2. Divida entre platos y sirva.

**NUTRICIÓN**: Calorías: 151, Grasa: 2g, Fibra: 3g,

Carbohidratos 5g, Proteína: 5g

## Aperitivos

### 40. Salsa de pimientos y queso

Tiempo de preparación: 25 minutos Porciones: 6

**INGREDIENTES:**

- 2 rebanadas de tocino, cocidas y desmenuzadas
- 4 oz. de parmesano; rallado
- 4 oz. de mozzarella; rallado
- 8 oz. de queso crema, suave
- 2 pimientos rojos asados; picado.
- Una pizca de sal y pimienta negra

**Indicaciones:**

1. En la sartén que se adapte a su freidora de aire, mezcle todos los ingredientes y bata muy bien.
2. Introduce la sartén en la freidora y cocina a 400°F durante 20 minutos. Divida en cuencos y sirva frío

**NUTRICIÓN:** Calorías: 173; Grasa: 8g; Fibra: 2g;

Carbohidratos: 4g; Proteína: 11g

## 41. Ensalada de mozzarella y tomate

Tiempo de preparación: 17 minutos Porciones: 6

**INGREDIENTES:**

- 1 libra de tomates; cortado en rodajas
- 1 taza de mozzarella; triturado
- 1 cucharada de jengibre; rallado
- 1 cucharada de vinagre balsámico
- 1 cucharadita de pimentón dulce
- 1 cucharadita de chile en polvo
- 1/2 cucharadita de cilantro, tierra

**Indicaciones:**

1. En una sartén que se adapte a su freidora de aire, mezcle todos los ingredientes excepto la mozzarella, mezcle, introduzca la sartén en la freidora de aire y cocine a 360 °F durante 12 minutos
2. Divida en cuencos y sirva frío como aperitivo con la mozzarella espolvoreada por todas partes.

**NUTRICIÓN:** Calorías: 185; Grasa: 8g; Fibra: 2g;

Carbohidratos: 4g; Proteína: 8g

## 42. Salsa de queso de ajo

Tiempo de preparación: 15 minutos Porciones: 10

**INGREDIENTES:**

- 1 libra de mozzarella; triturado
- dientes de ajo; picado
- 3 cucharadas de aceite de oliva
- 1 cucharada de tomillo; Picado.
- 1 cucharadita de romero; picado.
- Una pizca de sal y pimienta negra

**Indicaciones:**

1. En una sartén que se adapte a su freidora de aire, mezcle todos los ingredientes, bata muy bien, introduzca en la freidora de aire y cocine a 370 °F durante 10 minutos.
2. Divida en cuencos y sirva de inmediato.

**NUTRICIÓN:** Calorías: 184; Grasa: 11g; Fibra: 3g; Carbohidratos: 5g; Proteína: 7g

## 43 **Mordeduras de tomate**

Tiempo de preparación: 25 minutos Porciones: 6

**INGREDIENTES:**

- 6 tomates; reducido a la mitad
- 2 oz. de berro
- 3 oz. de queso cheddar; rallado
- 1 cucharada de aceite de oliva
- 3 cucharaditas de mermelada de albaricoque sin azúcar
- 2 cucharaditas de orégano; seco
- Una pizca de sal y pimienta negra

**Indicaciones:**

1. Esparce la mermelada en cada mitad de tomate, espolvorea orégano, sal y pimienta y rocía el aceite por todas partes
2. Introducirlos en la cesta de la freidora, espolvorear el

    queso en la parte superior y cocinar a 360 °F durante 20 minutos
3. Coloca los tomates en un plato, cubre cada mitad con un poco de berro y sirve como aperitivo.

**NUTRICIÓN**: Calorías: 131; Grasa: 7g; Fibra: 2g;

Carbohidratos: 4g; Proteína: 7g

## 44 Envolturas de espárragos

Tiempo de preparación: 20 minutos Porciones: 8

**INGREDIENTES:**

- 16 lanzas de espárragos; recortado
- 16 tiras de tocino
- 1 cucharada de jugo de limón
- 2 cucharadas de aceite de oliva
- 1tsp. orégano; picado.
- 1 cucharadita de tomillo; picado.
- Una pizca de sal y pimienta negra

**Indicaciones:**

1. Tome a tazón y mezcle el aceite con jugo de limón, las hierbas, la sal y la pimienta y bata bien.
2. Cepille las lanzas de espárragos con esta mezcla y envuelva cada una en una tira de tocino
3. Organice las envolturas de espárragos en la freidora de aire

   cesta y cocinar a 390°F durante 15 minutos.

**NUTRICIÓN**: Calorías: 173; Grasa: 4g; Fibra: 2g;

Carbohidratos: 3g; Proteína: 6g

## 45 Salsa de Calabacín

Tiempo de preparación: 20 minutos Porciones: 6

**INGREDIENTES:**

- 1 1/2 lb. de calabacín, aproximadamente en cubos
- 2 tomates; en cubos
- 2 cebollas de primavera; picado.
- 1 cucharada de vinagre balsámico
- Sal y pimienta negra al gusto.

**Indicaciones:**

1. En una sartén que se adapte a su freidora de aire, mezcle todos los ingredientes, mezcle, introduzca la sartén en la freidora y cocine a 360 °F durante 15 minutos
2. Divida la salsa en tazas y sirva frío.

**NUTRICIÓN**: Calorías: 164; Grasa: 6g; Fibra: 2g; Carbohidratos: 3g; Proteína: 8g

## Postres

### 46. Galletas de mantequilla

Tiempo de preparación: 30 minutos Porciones: 12

**INGREDIENTES:**

- 2 huevos batidos
- 2 3/4 de taza de harina de almendras
- 1/4 de taza de desviación
- 1/2 taza de mantequilla; derretido
- 1 cucharada de crema pesada
- 2 cucharaditas de extracto de vainilla
- Spray de cocina

**Indicaciones:**

1. Toma un tazón y mezcla todos los ingredientes excepto el spray de cocción y revuelve bien.
2. Forma 12 bolas de esta mezcla, ponlas en a bandeja para hornear que se adapte a la freidora de aire engrasada con spray de cocina y aplanarlas
3. Coloque la bandeja para hornear en la freidora de aire y cocine a 350 °F durante 20 minutos
4. Sirva las galletas frías.

**NUTRICIÓN:** Calorías: 234; Grasa: 13g; Fibra: 2g; Carbohidratos: 4g; Proteína: 7g

## 47. Galletas de jengibre

Tiempo de preparación: 25 minutos Porciones: 12

**INGREDIENTES:**

- 1/4 de taza de mantequilla; derretido
- 2 tazas de harina de almendras
- 1 taza de desviación
- 1 huevo
- 1/4 cucharadita de nuez moscada, molida
- 1/4 cucharadita de canela en polvo
- 2 cucharaditas de jengibre rallado
- 1 cucharadita de extracto de vainilla

**Indicaciones:**

1. Tome a tazón y mezcle todos los ingredientes y bata bien.
2. Saca pequeñas bolas de esta mezcla en una bandeja para hornear forrada que se adapta a la freidora de aire forrada con papel pergamino y aplana

3. Ponga la hoja en la freidora y cocine a 360°F durante 15 minutos
4. Enfríe las galletas y sirva.

**NUTRICIÓN:** Calorías: 220; Grasa: 13g; Fibra: 2g; Carbohidratos: 4g; Proteína: 3g

## 48. Budín cremoso de semillas de chía

Tiempo de preparación: 35 minutos Porciones: 6

**INGREDIENTES:**

- 2 tazas de crema de coco
- 1/4 de taza de semillas de chía
- yemas de huevo, batidas
- 1 cucharada de ghee; derretido
- 2 cucharadas de stevia
- 2 cucharaditas de canela en polvo

**Indicaciones:**

1. Toma a tazón y mezcla todos los ingredientes, bate, divide en 6 ramekins, colócalos todos en tu freidora de aire y cocina a 340°F durante 25 minutos.
2. Enfriar los budines y servir

**NUTRICIÓN:** Calorías: 180; Grasa: 4g; Fibra: 2g; Carbohidratos: 5g; Proteína: 7g

## 49. Pastel de naranja

Tiempo de preparación: 42

Minutos Porciones: 12

**INGREDIENTES:**

- Naranja: 1 pelado y cortado a cuartos
- Extracto de vainilla: 1 cucharada
- Huevos: 6
- Ralladura de naranja: 2 cucharadas
- Queso crema: 4 oz.
- Polvo de hornear: 1 cucharada
- Harina: 9 oz.
- Azúcar: 2 oz. y 2 cucharadas
- Yogur: 4 oz.

**Indicaciones:**

1. Pulse la naranja en un procesador de alimentos
2. Vierta la harina, 2 cucharadas de azúcar, polvo de hornear, huevos y extracto de vainilla. Pulse de nuevo
3. Colóquelo en 2 sartenes de primavera.

4. Colóquelo en la freidora de aire y luego caliente a 330

5. ° F después de lo cual dejar que se cocine durante 16 minutos.
6. En otro tazón, mezcle el queso crema, la ralladura de naranja, el yogur y el azúcar restante mientras remueve
7. Emparedar la mitad del contenido del tazón entre las dos capas de pastel de cada sartén de primavera.
8. Esparce la mitad que quedaba encima del pastel.
9. Servir.

**NUTRICIÓN:** Calorías: 200; Grasa: 13; Proteína: 8; Carbohidratos: 9g; Fibra: 2g

## 50. Galletas de limón

Tiempo de preparación: 30 minutos Porciones: 12

**INGREDIENTES:**

- 1/4 de taza de mantequilla de anacardo, suave
- 1 huevo batido
- 3/4 de taza de desviación
- 1 taza de crema de coco
- Jugo de 1 limón
- 1 cucharadita de polvo de hornear
- 1 cucharadita de cáscara de limón rallado

**Indicaciones:**

1. En a tazón, combina todos los ingredientes gradualmente y revuelve bien.
2. Vierta las bolas en la hoja de galletas a forrada con papel pergamino y aplanarlas.
3. Coloque la hoja de galletas en la freidora y cocine a 350°F durante 20 minutos
4. Sirve las galletas frías

**NUTRICIÓN:** Calorías: 121; Grasa: 5g; Fibra: 1g; Carbohidratos: 4g; Proteína: 2g

CPSIA information can be obtained
at www.ICGtesting.com
Printed in the USA
BVHW090117230421
605635BV00001B/151